Roque JR

Militância Antimanicomial e a pandemia da COVID-19

1ª edição

Farroupilha RS
Adelino Roque Filho
2021

1ª edição DEZ2021 - impressão por demanda
Edição, projeto gráfico interno e capa do autor **www.RoqueJR.com.br**
Desenho de capa: Vitor Reis   vitorrei@gmail.com
                                 https://100viagensnoolhar.blogspot.com/
Revisão: Communicatio Assessoria Linguística
(54)9.8136.2696   contato@communicatio.com.br

Dados Internacionais de Catalogação na Publicação(CIP)

R786m   Roque Jr., 1971-
         Militância Antimanicomial e a pandemia da COVID-19 / Roque Jr. -
Farroupilha, RS : do autor, 2021.
         32 p. ; 14 cm

         ISBN 978-65-00-35895-7
         Apresenta bibliografia.

         1. Roque Jr. - Biografia. 2. Transtorno bipolar. 3. Bipolaridade. 4.
Psiquiatria. 5. COVID-19. I. Roque Filho, Adelino. II. Título.

                                          CDU 929ROQUE JR
                                          CDD 920

Índice para o catálogo sistemático:

**Catalogação na fonte elaborada pela bibliotecária
Michele Marques Baptista - CRB 10/1633**

membro 87 da AGEI
**Associação Gaúcha de
Escritores Independentes**
Fundada em 14 de maio de 2001
http://ageiescritores.blogspot.com.br/

Baixa meus e-livros(PDF) gratuitos no:

Dedico esta obra à minha eterna esposa, Martha Santos.

Como o texto é escrito em forma de diário, as datas são citadas de forma abreviada abaixo de cada título e, eventualmente, no meio do texto, da seguinte forma: dia da semana(três iniciais, a primeira letra maiúscula), dia, mês(três letras, todas maiúsculas), ano, seguido de "barra" e hora da escrita, alinhada à direita.   Exemplo: Qui23FEV2017/6h53min

Tipo e estilo de letra

Os textos de minha autoria que já foram publicados em outros locais serão destacados *em fonte tipo Arial e estilo itálico,* já os textos de outrxs autorxs serão escritos com *fonte tipo Times New Roman e estilo itálico.*

~~Palavras tachadas~~

"~~Mentiras~~ Fake News têm pernas ~~curtas~~ longas"
Capa da revista *Radis*, Fiocruz, n. 190 - JUL2018

Roque JR - Sáb15DEZ2018/18h05min
Tive acesso à revista *Radis*, cuja capa tinha as palavras "~~mentiras~~" e "~~curtas~~" riscadas. Isso fortaleceu a ideia do contato que tive com o Dr.Alceu(DRT-RS 10522-relacional teatral) de utilizar algumas palavras que não acho aceitáveis ~~tachadas~~. Isso mostra que discordo de seus usos, mas que acho importante que sejam mantidas impressas porque sinônimos perderiam o sentido inicial.

Gênero neutro

Pensando em uma alternativa linguística mais inclusiva quanto ao gênero, em minhas obras utilizo "@" e "x" para indicar o gênero neutro.
Exemplo: "Louc@s", "usuárixs" etc.

"Auto-historiografia"

Em entrevista para Rodrigo Oss, na Ter13JUL2021, utilizei pela primeira vez essa expressão no Dia Mundial do "Roque", modo como, desde 2013, muitos grupos mencionam a data em minha foto.

Realizar a historiografia de minha Literatura tem me proporcionado muitos detalhes relevantes em meus livros.

Entra em contato com Roque JR:

Roque JR-Caixa Postal 478 = 95.170971-Farroupilha-RS
(54)9 9960 6565 ⒸVivo   www.olhares.com/roquejr
fb.me/RoqueJREscritor   fb.me/forum.gaucho.saude.mental
twitter.com/RoqueJR65   www.instagram.com/roquejr65
Oficina SOL - Coletivo Arte, Saúde e Economia Solidária
www.oficinasol.com.br/

Obras sobre a Luta Antimanicomial de Roque JR:
Baixa gratuitamente os e-livros(PDF)* no **www.RoqueJR.com.br**

(184)Sete Militantes Mentaleiros(DEZ2021);
(179)Militância Antimanicomial e a pandemia do COVID-19(DEZ2021);
(178)Militância e "bipolaridade": *Manicômio Nunca Mais!*(NOV2021);
(176)Meio século de vida e a "bipolaridade": *tributo a Adelino Roque(meu pai)*(MAI2021);
*(175)Atuação na Luta Antimanicomial e na "bipolaridade"(OUT2021);
(173)Fórum Gaúcho de Saúde Mental e "bipolaridade": *nada de nós sem nós!*(AGO2021);
*(172)Trinta anos(em três) do Fórum Gaúcho de Saúde Mental: *tributo ao Paulinho*(MAR2021);
(171)Luta Antimanicomial, "bipolaridade" e detalhes na pandemia de COVID-19(MAI2021);
(169)Protagonismo e empoderamento na Luta Antimanicomial e na "bipolaridade"(JAN021);
(168)Trajetória na pandemia, "bipolaridade" e Luta Antimanicomial(AGO2020);
(167)Momentos na pandemia de COVID-19, Luta Antimanicomial e "bipolaridade"(DEZ2020);
(166)Usuárix do Centro de Atenção Psicossocial do Sistema Único de Saúde e o seu protagonismo(JUN2021);
*(162)Isolamento físico, mas não isolamento afetivo(JUN2020);
*(159)Luta Antimanicomial e pandemia do COVID-19(MAI2020);
*(158)Atuação virtual em momento de confinamento e Luta Antimanicomial(ABR2020);
*(156)Relatos da Nona Parada do Orgulho Louco(OUT2019);
(150)A necessidade de protagonismo na Luta Antimanicomial e a "bipolaridade"(SET2020);
*(149)Cartilha do Fórum Gaúcho de Saúde Mental: Núcleo Serra(JUN2019);
*(140)Fórum Gaúcho de Saúde Mental: Núcleo Serra(DEZ2018);
(137)Militância na Luta Antimanicomial e na "bipolaridade"(JUL2020);
*(108)Saúde Mental, "bipolares" e limites da Arte(FEV2018);
(97)TOL: Terapia Ocupacional Literária, "bipolaridade" e Luta Antimanicomial(MAR2020);
(84)Amor, "bipolaridade" e Luta Antimanicomial(SET2019);
(71) :): a importância da Psicoterapia e da Luta Antimanicomial(FEV2019);
*(48)"Bipolares" e "normais", que se entristecem e se alegram, e outros protagonistas na Saúde Mental(SET2017);
(21)O SUS_piro da "bipolaridade" e o protagonismo na Saúde Mental(DEZ2017)(2ªed.FEV2019);
(17)"Bipolar" estável, Saúde Mental e Luta Antimanicomial(JUN2016);
*(14)Superando a Bipolaridade(MAR2015);
(12)Bipolaridade e Luta Antimanicomial(ABR2014);
(1º)Poesias para refletir(MAI2000).

Sei que a situação está difícil para a grande maioria das pessoas, mas há 25 e-livros gratuitos em PDF no site www.RoqueJR.com.br e, também, outras 20 primeiras páginas gratuitas virtualmente nos livros do Clube de Autores. Doei mais mil exemplares a 50 locais de empréstimo(bibliotecas), muitos deles sobre a Luta Antimanicomial.

Se puderes e quiseres, apoia, realiza colaboração cultural, contribuição consciente, com o valor que puderes, para que eu possa publicar, editar e escrever mais livros deste projeto, impactando outras pessoas e transformando mais vidas através das obras literárias e no 65ºPrêmio Jabuti 2023. Meu PIX para depósito é: (54)999606565. Mais detalhes podem ser obtidos pelo WhatsApp.

Loucura cidadã

Laura Fusaro Camey[1](prefácio) - Dom10OUT2021/11h18min
(Dia Mundial da Saúde Mental)

Ao contar sua vida, conta a história da Luta, sinal marcado de militante. Interpolando acontecimentos da vida, estratégias de militância, acontecimentos históricos e poesia, Roque prova em sua Literatura que, sim, a vocação da loucura é a cidadania!

Curtos textos que se entrelaçam como um diário, trazendo fragmentos do cotidiano dessa vivência de Luta Antimanicomial. Ressignificando a bipolaridade, tirando-a do campo do ~~problema~~ e colocando-a no lugar de forma de se estar no mundo, quebra com os paradigmas manicomiais que insistem em sequestrar da loucura sua dignidade. Indigno é quem não vê a humanidade e a potência cidadã dos ditos "locos"! Quebra com os nefastos discursos da loucura como sinônimo de perda da razão e de si. Muito pelo contrário, Roque Jr. não poderia ser Roque Jr. se lhe arrancassem a loucura. História viva de uma utopia ativa por uma sociedade sem manicômios!

Laura Fusaro Camey, usuária da rede de serviços de Saúde Mental substitutivos do SUS-BH-MG, militante da Associação dos Usuários dos Serviços de Saúde Mental de Minas Gerais-ASUSSAM-MG, do Fórum Mineiro de Saúde Mental-FMSM e da RENILA.

Reverberar a Luta

"Essa vida é jogo rápido." Envelheço na cidade - Ira! 1986

Roque JR(introdução) - Qui15JUL2021/8h40min

Nos adaptamos às exigências da pandemia da COVID-19. Muitos perderam familiares, outros se infectaram, outros ainda (próximos a nós) perderam suas vidas.

Muito ainda temos a aprender com o vírus, muito aprendemos, sequelas em pessoas infectadas estão aparecendo, mutações nos formatos(do vírus) têm ocorrido, o que nos deixa ainda mais preocupados.

Algumas coisas de bom tiramos destes difíceis momentos, como a aquisição do conhecimento e uma maior afetividade em relação a familiares e amigxs.

Já está registrado, na história da humanidade, esse episódio com muitos detalhes diferentes daqueles de outras pandemias e com outros problemas graves que ocorreram, mesmo se comparados às duas grandes guerras.

Com a Luta Antimanicomial não seria diferente. Foram muitas atividades virtuais, muitas reuniões de forma remota(*on-line*) ou mesmo híbridas, em que parte dos participantes estava no local do evento e outra parte estava conectada virtualmente.

Tanto a militância quanto a Luta Antimanicomial em si, com todos os detalhes que consigo registrar em meus livros, acabam sendo recorrentes também em minhas *Lives*, falas em geral e palestras Brasil afora.

Lutamos para ter serviços substitutivos de qualidade, com os CAPSs e a RAPS como um todo consiguindo atender em liberdade, eliminando toda forma asilar, ~~manicomial~~, em ~~hospício,~~ de tratamento na Saúde Mental.

O importante é que a Saúde Mental não se acomodou e que, com todos esses detalhes, terá grandes atividades futuras.

Há tantas pessoas em luto e com problemas gerais trazidos pela COVID-19 necessitando de cuidados especiais de formas psicossocial e física.

30 anos da Lei n. 9.716 - RS

Sancionada na Sex07AGO1992

Dispõe sobre a reforma psiquiátrica no Rio Grande do Sul, determina a substituição progressiva dos leitos nos hospitais psiquiátricos por rede de atenção integral em saúde mental, determina regras de proteção aos que padecem de sofrimento psíquico, especialmente quanto às internações psiquiátricas compulsórias, e dá outras providências.

Lei n. 9.716, de 07 de agosto de 1992.

[...]Art. 3º - Fica vedada a construção e ampliação de hospitais psiquiátricos, públicos ou privados, e a contratação e financiamento, pelo setor público, de novos leitos nesses hospitais.

§ 1º - É facultado aos hospitais psiquiátricos a progressiva instalação de leitos em outras especialidades médicas na proporção mínima dos leitos psiquiátricos que forem sendo extintos, possibilitando a transformação destas estruturas em hospitais gerais[...]

Essa foi a primeira lei da Luta Antimanicomial sancionada no Brasil.

Mesmo há três décadas de sua origem, a Lei n. 9.716-RS continua sendo um exemplo na Luta Antimanicomial para o Rio Grande do Sul e o Brasil.

Prontuário de 1999

"O ser humano precisa ser[é] *estudado."* Ditado popular

Roque JR - Sáb31JUL2021/14h

Acabei de reler o prontuário de uma de minhas internações em um hospital-escola, hospital geral. Porém, o que mais queria encontrar não encontrei, que era citações das falas e as palestras que ministrei a várias especialidades de residentes.

Foram muitas experiências transmitidas em vários momentos com pequeno número de residentes em cada grupo.

Esse prontuário me deu muito trabalho, desde a busca por ele no hospital. Precisei ir duas vezes a outra cidade, uma para solicitá-lo e outra para retirá-lo. Também passei pelo meu arquivo, mas foi difícil reencontrá-lo em minhas pastas, e olha que o peguei na mão algumas vezes, mas sem me dar conta de que era esse documento.

Como eu o arquivo as pastas por temas, outros dois prontuários de outros dois momentos ligados à Saúde Mental estavam próximos, e devo relê-los em breve.

Nesse prontuário de 1999, revi a carta que enviei nem sei a quem, pois nem consta o destino da carta no prontuário. Cópia dessa carta manuscrita está no prontuário e a transcrevo no próximo capítulo.

Carta no prontuário de 1999

"Não vamos dar sorte ao azar." Ditado popular

(manuscrito)Roque JR - Ter07MAI1999/21h

Não poderia deixar de passar ao papel tudo que ocorreu nesta última semana. Parece confuso, loucura, mas muitas pessoas merecem ficar sabendo o q ocorreu.

Estou um tanto confuso, mas acho que nada de errado estou fazendo. Até procurei um "micro" mas consegui melhorar um pouco mais minha caligrafia a ponto de transpor ao papel.

Nem sei qto tempo ficarei afastado de minha Terra Natal, mal espero ver tantos amigos, prédios, praças, Flores & flores e tantas coisas mais.

Espero que me envies notícias.

Tchê Farroupilha
(Roque JR/21h02min)
Me escreve!!! Obrigado.
Remetente: Tchê Farroupilha
Cx. Postal 478
Farroupilha-RS

Trechos do prontuário

"Vou direto nas tuas 'gadeias'." Ditado popular

Roque JR - Sáb31JUL2021/14h23min

Consta no prontuário que eu estava preocupado com fotografias e que deveria retirá-las do laboratório, entre outros detalhes que transcrevo na íntegra a seguir:

Ter14MAI1999

[...]quer saber detalhes da sua doença, diagnóstico dos remédios que toma, as doses. Explico, e ele ouve atentamente, absorve e em nenhum momento parece não acreditar no que lhe falo[...]

Sex17MAI1999/11h30min

[...]Empolgado com o concurso de poesia do qual vai participar.[...]Ideias de grandeza, muitos projetos[...]

Ideias(realizações) de grandeza

"Tudo nesta vida tem preço." Ditado popular

Roque JR - Dom22AGO2021/17h02min

Uma das características dos "bipolares" é ter ideias de grandeza. Porém entendo que só vem a ser problema esse fato se prejudicar grandemente a vida do cidadão em questão.

Entendo que tenho muitas ideias grandiosas, almejo muitas participações e projetos audaciosos e busco participar de atividades que poderiam se caracterizar nesse ~~problema~~.

Por outro lado, percebo grande saída para esse assunto: a grande maioria de minhas ideias grandiosas consigo colocar em prática.

Poderia citar grandiosos feitos, seja no Movimento Estudantil, seja na fotografia, seja no fotojornalismo, seja na Luta Antimanicomial, seja na Literatura, seja em outras tantas coisas. Embarca em minhas jornadas literárias e de palestras, *Lives,* reuniões...

Exemplo disso foi a inscrição no prêmio nacional de maior relevância literária(Jabuti) e em outros dois prêmios literários aqui no Rio Grande do Sul(Minuano e Livro do Ano da AGES) neste ano.

Isso sem contar que, em 2021, cheguei aos meus 61 livros publicados, superando várias de minhas metas.

Tem ainda a questão de estar em várias livrarias virtuais com circulação nacional.

Se eu não tivesse ideias de grandeza, talvez nem tivesse tentado publicar alguns entre as dezenas de livros nos recentes anos. Em breve publicarei livro apenas com meus grandes sonhos realizados.

Na Fotografia não foi diferente: fotografei dois presidentes da república, tive foto em tamanho A3 publicada em capa de jornal com circulação nacional e internacional, além de foto em revista especializada de fotografia, também com circulação nacional e bem-conceituada entre os amantes de Fotografia.

Poderia aqui citar dezenas de outras ideias de grandeza muito bem finalizadas, com desfechos ainda melhores, que superaram as projeções iniciais.

Desejos, aspirações, metas

"Todo mundo fica velho um dia." Ditado popular

Roque JR - Dom22AGO2021/18h05min

Na recente década, tive muitos projetos que, em sua imensa maioria, foram concretizados.

Alguns até analiso como feitos por impulso, com certa ansiedade, mas mesmo esses foram concretizados.

Algumas pessoas, mesmo as próximas, que me conhecem, acabam me *"puxando para baixo"*, tentando me desanimar em seguir adiante.

Por outro lado, confio muito em minhas propostas e normalmente defino o que entendo que tenho capacidade e possibilidade, pelo que me conheço, de alcançar.

Tem sido assim em projetos grandiosos, mas sempre *"com os pés no chão"*.

Se percebo que não consigo fazer algo, nem comento com outras pessoas.

Não abro concessões em projetos utópicos ou que demoraria muito tempo a concretizar.

Em casos de difícil realização, os guardo em segredo ou, no máximo, os divido com minha esposa, Martha, e peço a sua opinião. Ela é, nesta recente década, meu termômetro para muitas realizações ou projetos.

No topo de minha lista

"Não é a única, mas é a principal." Ditado popular

Roque JR - Sáb06NOV2021/17h20min

Na Luta Antimanicomial, tenho sete nomes que figuram as principais pessoas em quem confio, para quem peço muitas informações ou, simplesmente, que tenho como referências nesta caminhada.

Poderia citar aqui seus nomes, mas entendo ser algo pessoal e que poderia até deixar outras pessoas "sentidas". Nem mesmo cito a *top* da lista, pessoa para quem, na grande maioria das vezes que tenho dúvidas relacionadas à Saúde Mental Antimanicomial, tenho pedido socorro.

Quero dizer aqui que algumas delas sabem que estão entre esses nomes e que agradeço de coração a elas e a todas as demais que me auxiliam na construção de meus textos, de minhas *Lives*, palestras, entre outras atividades que desenvolvo sobre o tema.

As redes sociais caíram?...

Há muitos crápulas na sociedade.

Roque JR - Seg04OUT2021/16h30min

"...aproveite para escolher algum livro" foi a mensagens do Estante Virtual.

Procuro fazer tantas coisas ao mesmo tempo, em cada fragmento da História, aproveitando o tempo, a amplitude do momento, o cotidiano, para produzir o máximo de atividades e em vários grupos.

Procuro dar muita atenção a um tema específico para não perder o foco, mas também tento estar em várias frentes de atuação.

10 horas ansioso

*"Trabalhador da Saúde tem um
dever ético de defender o SUS e a saúde pública."*
Robert Filipe dos Passos é mestre e doutorando em Psicologia Social e Institucional
pela UFRGS. Docente do curso de Psicologia da UPF. Mentaleiro.

Roque JR - Sex15OUT2021/17h50min

Nesta sexta-feira fiquei com muita ansiedade, desde a manhã, quando estava revisando, a partir das correções profissionais, a obra *Pedro: meu primeiro neto*. Neste dia, logo após o almoço, tive participação sobre Controle Social e SUS na UPF.

Estava muito preocupado com a ideia de lançar o livro ainda pela manhã para poder enviá-lo antes do meio-dia para a Carol, para que o recebessem dias após o quarto *"mesversário"* do Pedro.

A palestra que dei à turma de *Psicologia Social II* da UPF fez parte de meu curso do CEAP, OMS, CNS, CES RS, Organização Latino-Americana de Saúde.

Ainda estou aguardando a matéria no *Brasil de Fato RS*, que deve ser publicada ainda hoje.

TV 247 e RENILA

Roque JR - Seg04OUT2021/17h02min

Programada para uma quarta-feira por mês(podendo ter essa quantidade ampliada), das 12h às 13h, com o tema *"Livres, sem manicômios"*, teremos, no 06OUT2021, atividade na TV 247.

Lembro outro tema, *"Lugar de escuta"*, para falar da Luta Antimanicomial, lugar de fala, com usuários com construção do quadro pela nossa equipe da RENILA.

Livres, sem manicômios

Roque JR - Qua06OUT2021/11h23min

Daqui a pouco estreia o quadro *"Livres, sem manicômios"*, dentro do programa *Giro das 11*, da TV 247.

O quadro *"Livres, sem manicômios"* foi criado a partir de convite recebido pela RENILA, através da Laura Fusaro Camey.

Houve a inclusão de militantes mentaleiros da RENILA em grupo do WhatsApp para isso, para definição dos detalhes, como os participantes, os âncoras, os convidados do programa.

Nessa estreia, serei convidado do quadro, com o tema: *O que é a luta Antimanicomial? O que é a luta Antiproibicionista? E por que não existe uma sem a outra?*

São muitos detalhes interessantes em um canal de televisão com audiência nacional. Me senti muito potente, compartilhando meu conhecimento com o mundo. Ótimo!

Três prioridades

"Sem mudar a cultura, nada muda." Curso CEAP/CES RS/CNS

Roque JR - Dom26SET2021/11h23min

O WhatsApp possibilita deixar em prioridade três "perfis" no topo da listagem de recebimento de mensagens.

Há vários meses essas três prioridades são Martha Santos, FGSM e RENILA. Na verdade, desde que optei por utilizar essa facilidade são esses os três perfis que defini.

Isso tem facilitado grandemente o acompanhamento de minhas mensagens por esse aplicativo, tanto pelo *smartphone* quanto pelo *notebook*.

Plantão da Madrugada

"Cuide bem do seu amor/Seja quem for."
Cuide bem do seu amor - Os Paralamas do Sucesso. 2002

Roque JR - Qui19AGO2021

Judete Ferrari, uma das precursoras do Plantão da Madrugada, fez, nesta semana, um excelente comentário: "[o grupo] *está sendo conduzido basicamente por usuários e familiares, o que era, desde o princípio, o desejo, o objetivo principal do projeto."*

COVID-19

"Uma das maiores perdas é a perda da esperança."
Ivarlete(Iva) Guimarães de França, no *III Nós, Louc@s* 2021

Roque JR - Dom26SET2021

A possibilidade imunológica a partir da vacinação traz efeitos atenuados, como são atenuados os vírus em qualquer vacina.

A ciência prova que esses avanços estão sempre à frente de melhorias junto a enfermidades.

É gratificante saber que pessoas infectadas, famílias em geral infectadas, tiveram efeitos brandos da COVID-19.

A pandemia nos revigorou

"Abraços coletivos, não necessariamente presenciais."
Ivarlete(Iva) Guimarães de França, no *III Nós, Louc@s 2021*

Roque JR - Qui15JUL2021/4h10min
Publicado na obra: *Pedro: meu primeiro neto*

Martha saiu há pouco rumo à primeira visita a nosso neto Pedro. Ficará apenas hoje. Como tomamos café antes de sua despedida, aproveito para pôr em dia minha Literatura.

Ela seguiu todos os cuidados e protocolos, até por, na ida, ir de carona com meu irmão André e minha cunhada Aliane.

Quanto à pandemia como um todo, houve muitas formas de nos apropriarmos de tantos conhecimentos, atividades virtuais(*on-line*).

Ao menos na maioria dos grupos com que tenho proximidade, tivemos muito cuidado em nos apropriar dessas informações como um todo.

Quem quis aproveitar esse momento da pandemia para aprender outras coisas, realmente teve muitas oportunidades e com excepcionais conteúdos.

Se, por um lado, tivemos desde março do ano passado isolamento físico, por outro lado, tivemos muito afeto, muita troca de experiências, muito amadurecimento sobre inúmeras questões.

A proximidade nunca foi tão intensa no geral da população. Mesmo com todos os protocolos, familiares e amigos de cidades distantes acabaram se revendo, de forma virtual, em muitos momentos.

Foi uma injeção de ânimo para muitas tarefas que antes ou não existiam ou estavam sendo pouco usadas.

Inventar saídas para a COVID-19

Discordo que *"curiosidade mata"*.

Roque JR - Qui15JUL2021/4h39min

Na verdade, o ser humano é constantemente estudado, e a cada dia surgem centenas e centenas de novos estudos sobre comportamentos, invenções maravilhosas e benéficas à humanidade.

Não se trata apenas da elaboração de insumos, das possibilidades de vacinas, de tantos estudos de cuidados médicos e de tratamento como um todo, mas também de aspectos psicológicos.

Já foram vistos muitos casos de ~~problemas~~ ligados ao luto, perdas e mesmo infecção pelo coronavírus, mas há também outras questões secundárias que afetam a psique diretamente.

Para tanto, foram sendo criadas ou aperfeiçoadas práticas como as sessões em Psicologia remotas, os diversos grupos de cuidado virtuais, entre tantas outras formas de cuidado.

Os próprios CAPSs desenvolveram várias atividades para procurar cuidar de seus usuários em geral, seja em sessões individuais, seja em visitas domiciliares, seja de outras formas.

Nunca na história algo com essas proporções da pandemia da COVID-19 teve tantos trabalhos em conjunto das nações do mundo como um todo. Tantxs pesquisadorxs mundo afora se dedicaram para obter, em pouquíssimo tempo, resultados excepcionais da Ciência.

Nenhuma vacina antes foi construída com tamanha rapidez; na verdade, várias formas e modelos de vacinas foram desenvolvidas com tamanha rapidez.

Por isso um *Salve à Ciência! Salve à vacina! Vacina para todxs já!*

Trilogia de obras gratuitas

"Livros que seguem." Ditado popular

Roque JR - Qui15JUL2021/4h51min

Recomendo a leitura de minhas 25 obras gratuitas em PDF. É só acessar o *site* e baixá-las, sem nenhum custo ou contrapartida. Entre elas, há três livros sobre a COVID-19 e outras obras sobre Saúde Mental, Luta Antimanicomial e outros temas(www.RoqueJR.com.br).

Laboratório para minha Literatura

Ainda aguardo o dia em que meus livros viralizarão.

Roque JR - Qui15JUL2021/9h23min

Ao crivo de minha experiência, conquistada aos longos das três décadas ligadas à Literatura, sem querer me gabar, forjei certa competência na criação, na edição e em outros detalhes ligados à minha escrita.

Continuo muito esperançoso por vários detalhes que ora ocorrem e por outros que planejo e almejo com muita garra.

Durante a pandemia, estou produzindo muitos textos com base nas próprias ocorrências vividas por causa da COVID-19, redirecionando muitas atividades e criando outras tantas.

Essa vivência semanal, com tantas questões de reuniões, *Lives*, palestras em universidades, entre outras, tem me servido de laboratório para minha Literatura.

Nestes recentes 16 meses, produzi um número incrível de novas obras.

Confesso que teve também o apoio muitíssimo necessário de pessoas e empresas que possibilitou a publicação desses livros, por meio de contribuições financeiras, da compra de meus livros, de apoios voluntários e de trocas por divulgação em espaços em minhas obras literárias.

Quero afirmar que foram centenas de capítulos produzidos em dezenas de livros neste curto espaço de tempo. Certamente em outros tempos não o teria feito dessa forma.

Painel Maúde Mental: 20 anos da Lei n. 10.216/01

Roque JR - Dom26SET2021/10h04min

Resultado de longa pesquisa realizada pela Desinstitute e pelo Núcleo de Pesquisa em Políticas Públicas de Saúde Mental(UFRJ), esse documento traz muitos detalhes estatísticos, que podem servir de base a muitos outros pesquisadores e à própria gestão(prefeituras e governos estaduais).

Tive certa participação, como já mencionei em outros momentos, ao fornecer informações referentes ao tema.

31 anos do SUS

Roque JR(100 anos de Paulo Freire) - Dom19SET2021/15h49min

A Lei n. 8.080/1990 criou o Serviço Único de Saúde - SUS, que muito evoluiu, mesmo muitos grupos não desejando seu sucesso.

Os que são contra, normalmente proprietários de grandes complexos hospitalares ou parlamentares financiados pelos primeiros, procuram apenas ter verbas para seus próprios bolsos.

Nesta data(19SET), o SUS completa 31 anos de criação. O Ceará Futebol Clube homenageia o SUS com um minuto de aplausos minutos antes do início do jogo pelo campeonato nacional e com muitos mosaicos feitos com o auxílio da torcida.

Mais de 30 reuniões da RENILA

Roque JR - Qui15JUL2021/9h37min

Desde o início da pandemia da COVID-19 foram mais de 30 reuniões ligadas diretamente à RENILA.

O formato desses encontros foi adaptado da forma de teleconferência para videoconferência.

Muitos temas foram amplamente comentados e tantas decisões foram tomadas nestes 16 recentes meses na militância dos 16 núcleos em sete estados brasileiros e no Distrito Federal.

Estou no meu limite

Roque JR - Dom07NOV2021/11h50min

Estou a praticamente dois anos sem uma semana sequer de descanso. Planejo alguns passeios e viagens para os próximos meses, após a pandemia passar ou a situação, em geral, melhorar.

Referências sugeridas e/ou utilizadas
Literatura gratuita em PDF:

-25 e-livros gratuitos - www.RoqueJR.com.br
-25 anos da Lei da Reforma Psiquiátrica no Rio Grande do Sul. Simone Mainieri Paulon, Carmen Silveira de Oliveira, Sandra Maria Sales Fagundes(org.). 2018. Disponível gratuitamente no *site* da ALRS.
-III Congresso Internacional de Saúde Mental. p.374 http://fio.edu.br/saudemental-artigos/arquivos/Trabalhos_Completos.pdf
-Ajuda e suporte mútuos em Saúde Mental: cartilha para os participantes de grupo. Eduardo Mourão Vasconcelos(coord.). Projeto Transversões. CNPq. UFRJ. RJ. (Disponível gratuitamente em PDF na internet). 2013
-Ajuda e suporte mútuos em Saúde Mental: manual para facilitadores, trabalhadores e profissionais de Saúde e Saúde Mental. Eduardo Mourão Vasconcelos(coord.). Projeto Transversões. CNPq. UFRJ. RJ. (Disponível gratuitamente em PDF na internet). 2013
-Além dos muros: acompanhamento terapêutico como Política Pública de Saúde Mental e Direitos Humanos http://historico.redeunida.org.br/editora/biblioteca-digital/serie-atencao-basica-e-educacao-na-saude/alem-dos-muros
-Biblioteca digital Rede Unida - todos são gratuitos em PDF http://historico.redeunida.org.br/editora/biblioteca-digital
-Desafios e recomendações para a realização de atividades de ajuda mútua *on-line*. Eduardo Mourão Vasconcelos e Marcela Wcck(Projeto Transversões ESS-UFRJ). RJ. 07ABR2020
-Glossário temático: deficiência intelectual. Instituto APAE-SP, 30 anos. 2014
-O cuidado e a educação popular em Saúde http://historico.redeunida.org.br/editora/biblioteca-digital/colecao-micropolitica-do-trabalho-e-o-cuidado-em-saude/o-cuidado-e-a-educacao-popular-em-saude

-Painel saúde mental:20 anos da Lei 10.216/01. Desinstitute e Núcleo de Pesquisa em Políticas Públicas de Saúde Mental(UFRJ). www.desinstitute.org.br. 1ª ed. 2021

-Mais substâncias para o trabalho em Saúde com usuários de drogas
http://historico.redeunida.org.br/editora/biblioteca-digital/colecao-micropolitica-do-trabalho-e-o-cuidado-em-saude/mais-substancias-para-o-trabalho-em-saude-com-usuarios-de-drogas/image_view_fullscreen

-Saúde mental em campo: da lei da reforma psiquiátrica ao cotidiano de cuidado
http://editora.redeunida.org.br/project/saude-mental-em-campo-da-lei-da-reforma-ao-cotidiano-do-cuidado/

-Manifesto de Bauru. II Congresso Nacional de Trabalhadores em Saúde Mental. Bauru-SP. DEZ1987

-Manifesto de Bauru 30 anos. Carta de DEZ2017

-Polis e Psique, revista científica comemorativa aos 10 anos da GAM. 2020. *Link* de acesso gratuito:
https://seer.ufrgs.br/PolisePsique/issue/view/3924

-Hospitais Psiquiátricos no Brasil: relatório de Inspeção Nacional. 2018. CFP. CNMP. MPT. MNPCT. (PDF no www.CFP.org.br). 2019

-Relatório das visitas realizadas simultaneamente na Inspeção Nacional em Unidades Psiquiátricas em 16 estados brasileiros e no Distrito Federal, no dia 22 de julho de 2004

-Relatório da Inspeção Nacional em Comunidades Terapêuticas - 2017. CFP. MNPCT. PFDH. MPT. Brasília-DF. CFP. (PDF no www.CFP.org.br). 2018

-Ser, fazer, compor VER-SUS: redes de afetos e conhecimentos, vol. 1
http://historico.redeunida.org.br/editora/biblioteca-digital/colecao-cadernos-de-saude-coletiva/ser-fazer-compor-ver-sus